Vlamsalmander

Vlamsalmander

Hennie Aucamp

Protea
Pretoria
2008

Vlamsalmander
Hennie Aucamp

Eerste uitgawe, eerste druk 2008

Protea Boekhuis
Posbus 35110, Menlopark, 0102
Burnettstraat 1067, Hatfield, Pretoria
Minnistraat 8, Clydesdale, Pretoria
protea@intekom.co.za
www.proteaboekhuis.co.za

Redakteur: Martjie Bosman
Bandontwerp: Etienne van Duyker
Bandfoto: *Roots of the Richtersveld* deur Mark van Coller
Tipografie: Etienne van Duyker
Geset in 11 op 15 pt ITC New Baskerville
Gedruk en gebind deur Mills Litho, Maitland, Kaapstad

ISBN 978-1-86919-246-4

© 2008 Hennie Aucamp

"Sewe haikoes" is reeds gepubliseer in *Haikoes: gebede vir die landskap*, saamgestel deur Strijdom van der Merwe en word met sy toestemming in hierdie bundel opgeneem.

Geen gedeelte van hierdie boek mag sonder skriftelike verlof van die uitgewer gereproduseer of in enige vorm of deur enige elektroniese of meganiese middel weergegee word nie, hetsy deur fotokopiëring, skyf- of bandopname, of deur enige ander stelsel vir inligtingsbewaring of -ontsluiting.

Inhoud

I

Salmander in die vuur   11
Die Minotourus   12
Theseus   13
Klosbesem   14
Die bulle   15
Enkidoe   17
Memento mori   18
Die onvoltooide selfportret   19
Rembrandt-selfportret, 1669   20
Die verlore seun: Rembrandt (1662)   21
L'enfant prodigue   22
Michelangelo van Firenze   23
Tekening   24
Hokusai   25
Sewe haikoes   26
Piet Mondrian (1872–1944)   28
Irma Stern-drieluik   29
Marjorie Wallace   30
Battiss gee raad   31
Paradystoneel   32

II

Die óú courtisane   35
Voorspel   36
Knatergoud   37
Prototipe   38

Die Virgin Queen   39
Lady Hamilton   40
Die matesis van verlies   41
Die cowboys van *Brokeback Mountain*   42
Porno Lounge   43
Elagabalus   44
Laksman   45
Gelykenis   46
Drie verse oor die liefde   47
Liefde in vier bedrywe   48
Lyfreg   51

III
Seepunt-suite

Straatbank, Esplanade   55
Cyril redivivus   57
Slapende straatswerwer   58
Vier veerligte bootjies   59
Couples   60
Immorality Mile   61
Ja, das Meer ist blau, so blau   62
Graaff se swemdam   63
Allermoeder   64
Skote in die mis   65
Drieankerbaai   66

IV

Die kleiner heelal   69
Vier bome   70
Truitjieskraal, Sederberge   71
Die laaste ysbeer   72

Die visarend   73
Herfs   74
Daardie dag in April   75
Die bittereinders   76
Winterdag   77
Die neefs   78

V

Aftelrympie   81
'n Onderstebo fabel   82
Die verliefde padda   83
Beurtrym   84

VI

Ars poetica   89
Dilemma   90
Rym   91
Kwatryne by die wyn   92
Vier humores   93
Digteres   94
Kroegliedjie   95
Canto   96
Digterlike resies   98
Die bloemlesing   99

VII

Blues vir 'n verdronke stad   103
Subteks   107
Die wederkoms   108
Lugleegte   114
Die eensaam sterwe   115

I

Salmander in die vuur

Óp spring die vlamme, óp uit die haard,
party lyk soos vlamme, ander soos baard.

Benvenuto se vader skuif dig teen die vuur
terwyl hy onthuts na 'n roering bly tuur.

Dan pluk hy sy seuntjie woes aan die oor:
"Kyk en onthou: dié vuur is getoor!"

Met bladgoud oordek, 'n vlamsalmander:
embleem van die Kunste; die ontwykende Ander.

Cellini sou soek en soms wel vind
wat sy oë aanskou het, eenmaal as kind.

Die Minotourus
    By 'n beeld van Paul Wunderlich

Staan wankel gevestig
in eie labirint:
twee arms en 'n been
stomp afgebind.

Die gepantserde kop
bly strak weggedraai
na die Ouwêreldsee
en 'n wyndonker baai.

Sien hy bollende seile
na Griekeland vaar
met Theseus en Ariadne
voorlopig 'n paar?

Of sien hy vooruit
hoe die vyand hom stort
van 'n loodregte krans
en sélf offer word?

Néé: Die stukkende dier
wil vir oulaas aanskou
hoe 'n vader se trane
'n see laat verblou.

Theseus

Eens toe hy lig was en 'n kind,
kon hy sy paadjie maklik vind
uit selfs die digste labirint,
met in sy hand 'n towerlint:

Maar linte skif en eensklaps weg
die leidraad wat sy lot besleg.

Klosbesem

Medusa het haar hare uitgewas
en skuins oor die balkon laat hang
tot ieder sliert begin te lewe
en wriemelend rinkhals tot 'n slang.

Die bulle
    By sewe litografieë van Picasso

Bul 1
Stoetserig, wollerig, half onseker,
die kop omlaag, byna bedees,
met stert speels oor 'n flank geswaai,
is dié bul tollie, nog nie vlees.

Bul 2
Dié oergeweld, deur swaartekrag gebind,
met muil omlaag, asof hy kla,
stam uit die bisons van Lascaux
en, dreigender, die Monster in die Labirint.

Bul 4
Kubisme het nou ingetree:
Die skof is bonkig en die nurkse kop,
na regs gedraai, hou soetskeel dop;
sy stert piets in sy gramskap mee.

Bul 6
Die landskap van sy lyf het weer verander:
Die kop nou klein, 'n driewielfiets se saal;
maar ondertoe praat lul en ballas
in onverbloemde taurus-taal.

Bul 8
Geröntgen staan hy nou,
sy hangstert bloot 'n blaar,
en ook sy kolle is plantaardig:
geen teken meer van seksgevaar.

Bul 10
Besonderhede word al minder,
geslag en kop skerp afgeskaal,
die stert bloot streep, die horings ook,
dié bul word liniêr bepaal.

Bul 11
Reduksie, skoon en logies,
is enduit deurgetrek;
net skema nou; en soek jy bul,
moet jy hom vir jouself ontdek.

Enkidoe

'n Bietjie klei en vogtigheid
was vir sy skepper oorgenoeg,
want in haar kop het haar konsep
van meet af aan gevoeg.

Memento mori

Hy was 'n pottebakker,
maar word nou self gevuur:
Kom uit sy skamel hopie as
'n nuwe diepglasuur?

Die onvoltooide selfportret

Die grondering is gedoen met bloederige rooie,
en uit dié verf rys reeds 'n skimportret;
nóg verf moes kom: ná dik impasto, dunner lagies.
Wat het voltooiing dan belet?

Dié studie was van meet af anders:
klein van formaat; op hout geskilder, nie op doek.
Het Rembrandt teruggeskrik toe hy homself
in eie plasma wou gaan soek?

Rembrandt-selfportret, 1669

Onder 'n glinsterende hoofdoek, gedra soos 'n baret,
is hy oud en afgeskilferd en na binne gerig,
ingeraam deur grys lokke en 'n wit halsdoek;
en van links, onnabootsbaar, val die Rembrandt-lig.

Hy het gemoedsbewegings deurgrond, ook sy eie,
en die volle omvang van menswees gedek,
maar hier, in sy sterfjaar, lyk dit of hy vra:
"Wie, deur ondervinding verslyt, wie is ek?"

Die verlore seun: Rembrandt (1662)

Rembrandt het telkens teruggekeer
na die gelykenis van die verlore seun;
op pen, buryn en kwas gesteun,
'n stelling soms met wit gehoog of gelaveer,
sy toets afwisselend lig en swaar,
want dís hoe hy 'n teks vertaal
uit woorde na 'n beeldverhaal,
een wat hy sterk as wáár ervaar.

Soms is hy Seun, en somtyds Vader,
of beide, soos op die doek in Petersburg;
maar hier trek Seun en Vader terug:
omhelsing bring hul geensins nader.

Elk kyk vermoeid sy dieptes in:
te laat, te laat, vir weer begin.

L'enfant prodigue
    By 'n beeld van Rodin

Pyn is hier haas vloeibaar
soos was net voor dit smelt,

hy kniel, sy arms hemelwaarts gestrek,
sy lyf in elke spier gekweld,

en uit die mond – 'n swart spelonk
ontsnap 'n kreet met oergeweld –

jy raai dié reël: "Ek het gesondig, Vader ..."
soos deur die Bybel self vermeld.

Net jammer alles lyk oordrewe:
Óú romantiek wat nie meer geld.

Michelangelo van Firenze

Sy kloubeitel sink in die marmervlees
en vind sonder soek; hy weet wat sal wees
as oortolligheid wegval, splinters en stof:
Dawid, die reus, arrogant onbevrees.

Tekening

'n Kat – swart inkklad teen die wei –
sal sy beslag kunssinnig kry
met één sterk kwashaal van 'n meester
op, diggeweef, Sjinese sy.

Hokusai

Ook hy het graag gespeel
en roekeloos informeel:

Hy stuur sy breedste kwas
in kronkelgang oor die papier
en lui, blou bogte word
'n plaaslike rivier,

nou kies hy 'n span hoendertjies
gevang op eie werf,
hul pootjies aan die onderkant
skarlakenrooi geverf,

en jaag hul oor sy landskap,
die sneeu en die rivier,
en lag, hand voor die mond:
Die herfs is wragtag hier.

Sewe haikoes

1
in die verbyflits
blink sy vlerke silwerwit
die wind is 'n voël

2
'n rol wit satyn
tuimel van die boonste rak
val waterval val!

3
boom in die woestyn
span sy tentseil teen die son
eerste bedoeïen

4
die aarde bloei, kyk
tussen skerp leigroefklippe
'n stukkende blom

5
alles het verjaar
die kis die draggie bene
grondelik verteer

6
gespitste hande
saam in grou granietgebed
tweelingpieke

7
sonblok in die huis
op die kakie beesmisvloer
armmanstapyt

Piet Mondrian (1872–1944)

Toe bome nog sy tema was,
met stukkies hemel tak-omlys,
het rasterwerk van boom en lugte
sy nuwe rigting aangewys.

Voortaan sou hy gestreng verblok,
met vlak aan vlak primêr gekleur:
die grondplan vir 'n harmonie
wat in die toekoms moet gebeur.

Nog voor sy dood het in New York
'n nuwe vreugde hom oorval:
sy *Boogie Woogies*, tinteldronk,
soos jazz op seildoek uitgestal.

Irma Stern – drieluik

Stillewe
Haar doek voltooi, eet sy terstond die vrugte,
papajas, pere, haar om 't ewe;
maar op die esel, stinkend klam,
die spyskaart van 'n volle lewe.

Verplasing
Steeds skram sy weg van selfportrette –
sy vind haarself in ander;
in vrouelywe, slank en brons,
vergroei met mirt en oleander.

In die Kongo en elders
Sy het fel, verbete, laat Romanties,
haar primitiewe self gaan soek
en stel in weelderige prosa
haar binnereis ten boek.

Maar ag, toe kom beskawing
met blik, plastiek en meganiek –
Gott sei Dank kon sy nog buit
die houtsneewerk uit 'n portiek.

Marjorie Wallace

Joie de vivre, Skots en Frans,
het haar doeke ingekleur;
maar Kassiesbaai se duinegrafte
het haar opnuut leer treur
in meelwit, haelwit, baftablou:
die kleure van beheers onthou.

Battiss gee raad

Hy staan moedernaak, 'n vors op sy skyf,
ongeërg oor die rolle van sy oumanslyf
en praat met die skilder vir wie hy poseer
as, waanwys en dolend, die óú Koning Lear:

"Strem nie jou lyn nie, maar laat dit gly
van skouergewelf oor heupbeen na dy:
'n Skoon trajek, soos kenners weet,
is waaraan tyd jou eindelik meet."

Paradystoneel
    By 'n skildery van Lucas Cranach

Geslag by man en vrou
is deel van die pakket,
maar word uit vals oorwegings
bedek in dié portret;

en só word ru gesmoor
'n Edense gesprek
wat beide hoof en sekse
verenig in 'n *ek*.

II

Die óú courtisane
Na 'n twaalfde-eeuse courtisane

Herinner my skaars
my kliënte van vroeër,
hul gesigte, hul name,
maar hul roedes onthou ek,
nou verrot in die grond –
my god, hoe het dié roedes
my eenmaal kon verwond.

Voorspel

Die muskus van die oksels
damp herfstig en potent;
maar ondertoe, in ruigtes,
wag die donkerder talent.

Knatergoud

Jaloers oor sy inhoud trek saam die sak,
okkers oor neute, kunstig verpak;
agter die dop met sy donker naat
pols roomryk en bronstig die nuwe saad.

Prototipe

Laat hulle verbykom, die roedes van weleer
geheg aan boerklong of aan heer:
'n Nimrod-buis tot kwartpad ruig
of sekels wat tot brekens buig
of bonkig in 'n broek verskuil
– gevange roofdier in sy kuil –
of skamerig, met in die oog
'n glinstertraan wat drif verhoog
of magtig, selfs in sluimering,
tot renaissance beweging bring
en daardie opstand, nooit volprese:
Apollo uit palmiet verrese!

Agter elke obelisk en toring
rys koninklik die bloudruk horing.

Die Virgin Queen

Die goeie Queen Bess
lê weer op haar rug
en eers op die laaste
veg sy maagdelik terug:

Geen dolk mag hom stoot
in haar ongeskonde skede,
en Protestants na haar lippe
styg verwarde gebede.

Dié jags koningin
met haar kalkwit gelaat
mag nie soek na 'n man:
Dis die Reg van die Staat.

Wég Leicester, wég Essex;
en haar hoop word flouer:
Karmosyn op haar wange
laat lyk haar nóg ouer.

'n Pypkraag verhoog
haar heraldiese waarde;
tot sy uitgeput sink
in die vrugbare aarde.

Lady Hamilton

Haar skoonheid stel in vooruitsig
dié van die ster Vivien Leigh;
en Romney lê haar vas as Diana,
maar 'n woud is haar woning nie.

Die Britte, van oudsher skynheilig,
verwerp die houvrou en hoer
en stuur wyle Nelson se Emma
summier op 'n slordige toer.

Lady Hamilton gooi snags haar skadu
oor verlate strate in Calais
waar glimmende keie soos skubbe
styf teen die ander aan lê.

Die matesis van verlies

Dié wedu dra 'n sluier,
maar nie te laag nie,
tot by haar neus se punt:
dit laat haar mond
– skederooi en klam –
vry vir 'n sigaret,
en altyd ontvanklik,
getuit of oop,
vir simpatie,
manhaftig geplant
op haar beproefde lippe.

Die cowboys van *Brokeback Mountain*

Dit kon geen vrou ooit stil nie,
hul harde behoefte aan mekaar:
Ongebreideld die omhelsings en soene,
die instoot en onbesuisd paar.

Buite hul tent die snywind
en die wrokkige blok van die berg
wat met swart maar suiwer kontoere
die mens aan sy Oppermag bind.

'n Poskaart van Brokeback – verskote –
herinner aan passie en gemis
en die weeïge reuk in 'n baadjie
van die cowboy wat nie meer daar is.

Onverhoeds kom gewaai uit dié poskaart
'n sneeuwind wat tref soos 'n vuis:
En 'n cowboy, gekrom oor homself,
kots hom leeg in sy woonwa *cum* huis.

Porno Lounge

Omne animal post coitum triste

Hy sit gejas in die duister
en met 'n donker bril,
en haal al vinniger asem
en woeker met sy lul.

Die kleine dood, *moment suprême*,
oorval hom onverhoeds,
en wyl hy opruim, word hy triestig:
Kon hy betyds maar koets.

O mens, ná sinsverrukking
wag altyd weer die niet:
Klank- en beeldorgieë
kan slegs verposing bied.

Elagabalus

Hy het sy kop verloor
oor gladiators, breed geskof,
met maagskilde soos wasgoedplanke:
aan hulle, in jambes, sy keiserlike lof.
Soldate het hom as keiser gekies,
maar toe hy pronkerig hoer word aan eie hof
het dieselfde soldate hom van agter af gepriem
en in die barakke-toilet onthoof;
en dié kop, met lokke en lourier omlys,
slordig laat byt in die stof.

Laksman

Die wind het vroegaand al gewoed
en aan my vensterraam bly pluk;
wil ín, wil ín, wil langs my lê
tot ek, soos hy, ook roggelend ruk.

Gelykenis

In jou losieshuiskamer
bly jy die vreemdeling
tot die kamer self besluit,
genoeg nou van ontheemding;

of dalk jou hospita:
want kom jy een nag by die huis
wag in jou bed haar jongste seun
en glimlag: Welkom tuis.

Drie verse oor die liefde

An die ferne Geliebte
Hier is dit nat en silwerig
en 'n klamheid kleef aan my woorde;
mag my brief ontdooi in swaelvlug
na jou in suidelike oorde

waar jy, jou borste twee ryp vye,
uitbundig droom onder neteldoek
wyl ek, nog stram van skrywe,
jou volheid in lugleegtes soek.

Poësie, my aars
"Ons liefde het uitgeblom"
nog voor dit saad kon skiet:
en yler die wysie en woorde
van sogenaamd my lied.

Wat is dit presies, die liefde?
Is dit biologies of psigies bepaal?
En wat maak dit saak, solank jy
'n versie daaruit kan haal?

Naskrif
Wag tot jy jou jare kry
voor jy liefdesverse lees
en pleeg, want laggende ontdek jy
l'amour was net 'n skim gewees.

Liefde in vier bedrywe

1
Roetine-ondersoek
Dokter,
sê ek verwytend,
kon dit nie gewag het tot ek 70 is nie?

My knieë
wat my nie wil dra nie
en die skurftes wat uitbreek
oor my lyf?

Daar is 'n jong liefde in my lewe
en hy wil met my speel, Dokter,
en my karnuffel
en sommer orals aan my vat.

Kon dit nie gewag het nie, Dokter
– ek bedoel nou die skete, die skurftes –
tot oor 'n jaar of soveel nie?
Tagtig is tog tyd genoeg vir oud wees?

2
Oggendpsalm
Teen dagbreek
sing ek 'n vroeë psalm
en ek noem hom
my doupsalm.

Ek sing ál die versies
– natuurlik staande –
en gloei van geloof.

Maar wanneer ek by amen kom,
vee amen die glimlag van my lippe
en proe ek   vlugtig
die dood in my mond.

3
Sessie
Meneer,
sê die psigiater,
dis 'n ernstige saak:

Jy sê hy't jou armholtes deursnuffel
en heuning om jou mond gesmeer
en dit toe weer afgelek
en 'n madeleine in jou hand gedruk
en dit uit jou palm opgeëet?
Meneer,
dis 'n ernstige saak.

En toe het hy jou ken
met syne gerasper?
En toe het hy teruggestaan
en sy verwoesting dopgehou
met koue geslepe albasteroë?

Meneer,
daar bly net een ding oor om te doen,
net één eerbare ding:
Laat jou woede oor hom breek
en verdrink hom nog 'n slag:
dié keer in jou stilte.

4
Naspel
Noudat jy weg is
het ek jou vir altyd.
Ek kan jou elke nag verkrag
as dit my beliewe.
Of sommer net folter en kasty.

Ek sal jou listig straf met teerheid
– die potentste erotiek, soos jy alte goed weet –
en jou tepels terg met die puntjie van my tong.

En wanneer jy op die mat gaan lê
voor my bank
en jou bleek boerepote na my uitstoot
soos 'n offerande,
sal ek kamtag bewerig aarsel
voor ek jou tone in my mond neem

en dan sal ek afkyk in jou glasoë
wat my ieder emosie moniteer
en ek sal onvervalsd na jou oorsein:
I know your dirty tricks, you cunt,
and will repay in kind.

Lyfreg

'n Mens moet tuis wees in jou liggaam.
Min mense is. Ons doen wat ons "betaam" –
dié woord, gemunt in bourgeois kringe,
bring blare aan wat ons beskaam

en uitdryf uit ons Eden;
maar diere, met deernis en begrip
en goed verskans teen sedesmouse,
sien hoe ons instap in die wip

genaamd *fatsoenlikheid*
wat juis – my liewe hel – fatsoen ontken:
Baldadige borste en boude
het hoeka die gode verwen.

Stoot aan, stoot in, en gans ontbloot:
eers op die wal en dan in die sloot.

III

SEEPUNT-SUITE
Vir jazz-ensemble

Straatbank, Esplanade

'n Buikige heer met 'n bolhoed
stap verby en sê goeiendag.
Geseënd is die bolhoed-menere
wat hul naaste as medemens ag.

'n Geel transvestiet op hakke
swalk telkens berekend verby;
haar boude lil geil in haar sjoebroek,
maar kan sy 'n *straight* man verlei?

'n Songelooide blondine
voel haar windhond ontydiglik rem,
en basig pluk sy aan die leiriem
en vloek met 'n rou whiskeystem.

Twee Blok-*buddies* wil kom gesels maak
maar *uncle* het g'n geld nie of kos.
Die een slenter weg, maar die ander
staan pleitend en stryk oor sy tros.

'n *Hobo*, lekker getarra,
kom vra by die lani 'n las;
maar my teeneis vind hy onwelvoeglik:
"Laat jou moffies jou Beetletjie was!"

'n Gluiper uit donker Marokko
loer skigtig rond soos hy loop.
Ek wuif hom weg sonder omhaal:
hy wil *buttons* en dwaalbos verkoop.

'n Ou man, 'n Jood, kom sit langs my,
en praat oor Weimar-Berlyn.
Ons voer dié gesprek al oor jare:
Ek ken sy geskiedenis en pyn.

En dan kom die aand en sy hoere,
en sy oppasser kom haal weer die Jood.
Ek vat my boeke en skryfgoed.
Die see lyk vanaand net soos lood.

Cyril redivivus

Op 'n duifgrys dag sal ek jou verwag
langs die Seepuntse kus;
jy, die ongekroonde regent van die Esplanade,
met jou stomp hare
silwer soos 'n ligvlek op die see,
die ideale afronding van jou ensemble,
die dik, swart baadjie van Engelse stof
en die metaalgrys broek met sy messkerp vou.
Jy het jouself subtiel ingekleur
en gestileer
en des te sterker opgeval.

Wanneer jy teen die balustrade leun,
met jou rug na die see,
het jou houding mense nader gelok:
kugels, moffies en bevriende swartes.
En jy het jou hand uitgesteek
asof jy 'n soen verwag
op jou polsende pouslike ring:
bloedsteen geset in goud.

Wie werklik bestaan het vir ander
kom guitig terug op huisbesoek.

Slapende straatswerwer

Hoe lyk 'n mond
wat teen wil en dank
oortuigend moet glimlag
asof vir 'n advertensie?
Hoe lyk so 'n mond teen die einde van 'n dag?

Soos 'n gat in 'n vuil gesig.
Soos 'n skreeu sonder klanke.

Hoe lyk 'n gesig
waarop 'n verskriklike moegheid toesak
na dit 'n hele dag moes bedel
om brood
om aanvaarding
om guns
om goedkeuring?

Soos 'n dodemasker
ingegrif
op half-lewende vlees.

Vier veerligte bootjies

Vier veerligte bootjies
op 'n tjoppelsee
steek snoet in die branding
en dobber dan mee.

Die deinings raak dieper
en die swelle swel groot:
kan veerligte bootjies
teen stormwind stoot?

Die wind het gaan lê
op die blou van die baai
maar riffel dit soms
nes 'n hand wat paai.

Vier veerligte bootjies
vlinder fladderend voort
sonder vrese en voorsorg:
en dis soos dit hoort.

Couples

Gekoppel, getwee, 'n hegte verbond:
Só loop die pare in Seepunt rond.

Die rolstoelgedoemde en dié se steun
ontvang elke middag die soutlug as seën.

'n Wit man en bruin vrou, hul trollie gelaai,
kamp uit onder melkhout en kyk na hul baai.

Die *hobos* en *rent boys* werk ook in pare,
en bied op dié wyse 'n front teen gevare.

Gestremdes en helpers pouseer soms vir tee
wat 'n ekstra aksent aan hul uitstappie gee.

Die trollievennootskap het sowaar selfs 'n wag,
'n steekhaar-geval wat moet blaf in die nag.

Die *boys* op die *outers* leef van witbrood en wors
en spaar ieder sent vir die donkerder dors.

Die Kusweg in Seepunt, asiel vir ontriefdes,
spot helder oordag met bourgeois verliefdes.

Maar dan kom die nag, die groot demokraat
wat almal vereenders, wát ook hul staat.

Immorality Mile

Karnivore, predatore –
almal diere op die Blok:
en die dienders met hul knuppels
slaan geen enkele op hok.

Ja, das Meer ist blau, so blau

Die see is blou – dit weet ons wel –
waarom jou oor nuanses kwel
soos "toermalyn" en "indigo"?
Wat jy sien, is jy wat jy glo:
Ja, das Meer ist blau, so blau.

Graaff se swemdam

1
Dié tempel moet 'n barshou veg
teen seegeweld en die gereg.
Intussen word, in bloed en son,
oor offerdier en prys besleg.

2
Bréék bare, dié breekbare
Bauhaus, gewy aan die piel:
oopgevlek op katafalke
salmanderlywe sonder siel.

3
Waar eers beton was, is nou see
en selfs die gode speel nou mee,
maar onderwater, waar Poseidon
om middernag 'n *blow job* gee.

Allermoeder

In die newels kreun die see
in haar siltige nood
terwyl sy slobberende wiere
oor die kuslyn stoot.

Skote in die mis

Kusverkeer word streng beheer.
Hier word vandag geskiet:
Moeseliensambrele, kabels, ligte
oorheers die kusgebied.

Gaan TV 'n vermoorde toon,
straks oor 'n bank geknak
met vals bloed wat in liters stroom
en blinker skyn as lak?

Geen film kan die rouheid gee
wat hierdie Seepunt is;
van vuige Jack en ander Rippers
wat skuilgaan in die mis.

En verder teen dieselfde kus
by Mouillepunt se toring
klink toegewikkel, soos in watte,
'n Requiem vir Horing.

Drieankerbaai

'n Koue wind het opgesteek
en vul die baai met mis
tot dit jou lyk of meeue
bloot dobbervlokke is.

Was hul die aand teenwoordig,
kop onder vlerk gesteek,
toe Ingrid deur die wiere beur
en haar as offer breek?

Hoe kon hul weet, met oë toe,
skuimvlokke wat ook meeue is?
Die see stoot slissend oor die sand:
'n Selfmoord is skoon uitgewis.

IV

Die kleiner heelal

Bome het 'n kudde-instink;
hulle staan bymekaar in 'n woud:
In 'n boomstaat werk alles natuurlik
tot nut van kollektiewe behoud.

Wanneer voëls in hul neste in mikke
hul bessiesaad skyt op die grond,
kom kleinvolk van basbruin tot muisvaal,
en skarrel soos herfsblare rond.

Kreupelhout gedy in die broeisfeer
onder koepels van wisselende groen
en hertevarings klamp teen die stamme
en paddastoele stoot telkens weer.

Net híér het katedraalbou begin
in die skemerige dieptes van 'n bos
waar flakkerend soos kerslig deur lower
'n sonstraal reik na die mos.

Wie indring in natuurlike vestings
en met treksaag en byl wil verniel
tas aan, nie net van die bos nie,
maar sy eie, onsterflike siel.

Vier bome

Kokerboom
Agter sy koue, gladde stam
skuil daar voorwêreldlik
'n siel wat tydsaam en amfibies
die ewigheid omtik.

Moeraseik
Somer ruis in tafsy,
vanjaar 'n Dior-groen
met val op val gekartel
en boonop blink geboen.

Wildevy
Sy neksenings trek soos kabels,
ook sy wortels, elektries geaard;
en hoër op, uit mikke en holtes
hang skaamteloos rooi bosse baard.

Witgatboom
Dié witgat met geknotte spiere
verman hom teen die bergwoestyn,
maar mettertyd – sy wal kalf in –
sal hy, oudstryder, ook verdwyn.

Truitjieskraal, Sederberge

Tussen Kromrivier en 'n skurwe pas,
gestapel op die vlak, 'n dagsoom wat verras
met bastionne en kantele
en skeefgesakte rooi kastele.

Dié stad-in-puin bly onverklaar
en hou hom eenkant, ongewaar;
net soms, verheerlik in 'n middagbrand,
word dit 'n Petra in die sand.

Die laaste ysbeer

Hy swem ontredderd in 'n swartblou see
wat strek soos 'n Sahara;
geen ysskotse in sig nie,
geen knalwit vasteland
vir swaar pantoffelpote.

Hy móét tog sink
in hierdie waters
soos 'n gedoemde skip.

Die visarend

Sy kop het iets van 'n aambeeld
en iets van 'n Romeinse keiser:
Wie hoogtes kies, moet gedug wees.

Nero skud sy vere reg –
– ook die *longjohns*,
blink gepars vir die okkasie –
en korrel na die son:
Staan die TV-ploeg gereed?

En dan duik en klief hy
 – geen tyd vir verder dink nie –
en rem teen die water en gryp
sy buit:
'n fotogeniese forel.

Herfs

Herfs ruik op sy vrankste
by 'n Maartse see
waar jodium aan alles
hul vroeër varsheid gee:

aan knoetse met hul slierte –
wierpruike losgewoel
deur stormwind en strome
en op die rotse uitgespoel.

Dié dae is reeds heilig
en vra om geen gebed –
aaneengerygde pêrels
en elkeen sonder smet.

Daardie dag in April

Ek hap in die dag soos in 'n peer
en ek doen en ek doen dit weer
tot stroop by my mondhoeke uitloop
en ek myself moet keer

of ek sluk heelhuids ook die huisie
van sproetig en geswolle 'n peer –
bergamot, langelys of saffraan?
'n Peer is 'n peer is 'n peer.

Daardie dag in April is vervloë
maar tog nie sy metafoor
wat bronstig sluit om sy huisie,
vir goed in 'n versie gestoor.

Die bittereinders

Swartsedoos se besem
vee blare op 'n hoop
en jaag hul dan moedswillig
van voor af aan die loop
soos bruin, verskrikte muise
met 'n rikketik-geluid
oor asfalt en plaveisel
tot iets hul skuurtog stuit.

Al was hul uitvaart ook hóé manies
kom sterwe maklik: bloot organies.
Of anders raak hul omgestook
in diep, nat tuine en word rook.

Winterdag

Die witgoud van 'n winterdag
 – uiteindelik is daar son –
word voor jou oë omgesmee
tot iets van ongemene prag,

'n Kaapse stuk, bokaal of kom,
met eie binnegloed –
maar nee, laat ons regverdig wees,
tóg deur die son gevoed.

Teen vieruur word getjaila,
'n gilde het sy eise
en in die stadskom vul die skadu's
die strate gragsgewyse.

Die neefs

Ook Pierneef kyk na berge
soos Boerneef dit wil hê –
kortom, met stipte aandag
vir wat 'n berg wil sê

met kranse wat soos lemme
elk teen die ander pas
of voue uit 'n wringtyd
toe alles chaos was.

Vir beide Boer- en Pierneef
groei berge tot idee
geblok in lig en donker
soos op 'n linosnee.

V

Aftelrympie

Gedog had 'n veertjie in sy hoed
en dog hy is 'n pou;
die pou se rekhals flonker blou,
hy dog hy is 'n vrou;
die vrou vat aan haar kroontjie
en dog sy staan op trou.

"Met wie dan tog? Ons het gedog …
" 'n Prins," bloos sy, "van edel bloed,
met 'n pouveer in sy hoed."

'n Onderstebo fabel

Wolke soos skape
gly oor 'n vlei
en beny hul kollegas
wat in groenigheid wei.

Die skape voel wolke
oor hul wolrûe gaan
en wens hulle kon ook
in lasuurweides staan.

'n Koei bulk gebelg
oor die skape se droom:
"Ag, nee tog, op tafel
net blouselblou room!"

Die les van my storie
is simpel en plein
maar het vir 'n oomblik
uit my kop verdwyn.

Die verliefde padda
Met apologie aan Jan Rabie

Sy oë bol uit
van altyd maar kyk
na die silwerwit maan
wat hom tergend ontwyk.

Maar agter sy oë
versamel mettertyd
astrale gedagtes
oor onsterflikheid.

En as hy oplaas
'n maanstraal ontvang,
kwaak hy minagtend,
verlos van sy drang.

Beurtrym

'n Man het aan sy hart beswyk
terwyl hy worstel met sy steak.

'n Ander ou sterf op die troon:
Sy drukwerk is fataal beloon.

En nog 'n man dood op die jop:
Sy kom en gaan was sonder stop.

'n Boer wat fier sy ploeg beheer
slaat skielik in die dolvoor neer.

'n Jong man beur met rug gekrom:
Nog ín die fietsren kap hy om.

'n Ryk man *sally* sy chauffeur –
dit was, helaas, in spitsverkeer.

'n Sirkusnar verstik van lag:
Dié einde het hy nooit verwag.

'n Seunskind wou sy hondjie red,
maar beide sterf: 'n waterbed.

'n Digter draai hom op sy sy,
en in sy slaap het hy vergly.

Moraal
Die mens is ook maar 'n masjien:
Hy hou so lank soos sy bensien.

VI

Ars poetica

Poësie is 'n sprekende voorbeeld –
maar waarvan presies?
Van homself, sy klanke en ritmes,
en sy basiese tema: verlies.

Dilemma

"Skryf eenvoudig en toeganklik,"
pleit 'n digter by homself;
maar 'n pen het ook sý lewe,
en dié wil dieper delf.

Rym

Wat rym is soms onwaar;
of rym kan jou verlei
tot wat jy nie wou sê nie,
skuins by die Wet verby.

Maar rym kan bind tot 'n sintese,
gedagtes, beelde, insig, klank;
en só ontstaan van oudsher
juwele in die moederbank.

Kwatryne by die wyn

Ars poetica
Trap die korrels in die vat
dat dop en sap baldadig spat:
Van liewerlee word vroeë pyn
verdig tot onbetrokke wyn.

Oggendlied
Klokhelder val in VOC
die edelpers van cabernet
en tik jy teen die buitekant,
sing wyn en glas 'n hoë C.

In vino veritas (1)
Jou wynfles is 'n teleskoop
wat mik na sterre en na hoop,
maar as die waarheid nugter daag
het al jou voggies uitgeloop.

In vino veritas (2)
In die holte van jou glas
waar flussies nog 'n leksel was
pak nou – o bitter nagedagte –
nat droesem teen die kante vas.

Vier humores

Skrywer (Surrealisties)
Dié skrywer is 'n baggerboot
wat optrek uit die drek
die liederlike monsters
wat setel in sy ek.

Skrywer (Impressionisties)
Dié skrywer sien die somer bewe
op water, koring, tuine, gras,
en pen met flikkerende woorde
'n landskap op sy bladsy vas.

Skrywer (Ekspressionisties)
Dié skrywer druk hom uit
met drif van binne-in,
vol kolkings en eksplosies
soos in die oerbegin.

Skrywer (Realisties)
Dié skrywer wil getrou traseer
net wat sy oë sien,
geen kosmetiek van temperament
wat sig van leuens bedien.

Digteres

Sy dra, soos roesbruin blare,
óú woorde in haar voorskoot weg,
en ryg hul vas met spinnedrade
tot weer 'n vers homself ontheg.

Kroegliedjie

Moet weer 'n slag dink
diep uit my lendene uit
en dalk kom daar iets:

'n Versie van 'n ander soort
waar alles voeg soos dit behoort,
met woorde soos van ouds gewiek,
nog voor die koms van Retoriek.

Te veel gevra? Ag, ja, seker:
"Kelner, vul my bitter beker."

Canto

> We think caged birds sing, when indeed they cry.
> – John Webster, *The White Devil.*

Ander gevangenes mag hom nie hoor nie,
in sy hok in die vierkant
van die tronk.
En Pisa is 'n kloklui ver.

Die pes wandel bedags
op swaar soldatestewels;
en snags skyn fel
 – 'n aflosoog vir die son –
die skynwerpers wat soek
en uiteindelik vind
onder gekastyde vel en been:
'n siel.

Later het hy 'n tentjie gekry
 – só groot was sy kou wel –
vir groter privaatheid;
en toe kon hy aanskou
die skaduwees van wagte
wat uur na uur verbytrek op die seil
soos in Plato se grot.

En ook dít kon hy sien:
Hoe 'n salmander flikker oor die klipplaveisel;
hoe Broer Perdeby 'n huisie bou
van klei, vier vertrekke groot;
hoe 'n mier hom 'n reus waan in 'n drakeryk.

As a lone ant from a broken ant-hill
from the wreckage of Europe
ego scriptor
skryf hy in 1946,
voor hy Amerika toe geneem
en mal verklaar is
en verban tot 'n gestig,
dertien jaar lank.

Maar nog sing Ezra Pound
in sy verse
en in dié van ander,
want invloed is 'n blywende gety
wat kom en gaan
en kom en gaan
by grense van 'n oorlogstyd verby.

Digterlike resies

Een kwatryn wek die ander
in sy epiese vers –
'n meedoënlose gang
en eintlik pervers,

want voleinding is altyd
die "kleine dood":
Op sy blad, oor die ink
lê die slymspoor van skoot.

Die bloemlesing

Die dag in al sy helderte
wil gelees word soos 'n boek,
of soos 'n park waar, handeviervoet,
bloemlesers tussen klawer soek.

Antologieë is uiteindelik dít:
Die bestes bymekaargesit,
die uitgelese blom, die welgekose blaar,
eers geplet, en dan bewaar.

VII

Blues vir 'n verdronke stad

"Beelde van drywende lyke en mense wat dae ná die orkaan gesterf het, is op televisieskerms en in koerante gewys. Die reuk van ontbindende lyke het in die versengende, vogtige hitte oor die stad gehang."
– Die New Orleans-ramp, *Die Burger*, 3 September 2005.

In die begin was daar modder
      modder en stank
      modder en dampe
en trae, stomende woorde:
bayou   miasmas   moeraskoors   reptiele.
En wortelbome –
soms van die land, soms van die water:
met ebgety kom bloot,
soos lang oumenstande
wat wegtrek uit die tandvleise,
ivoorgeel bondels wortels.

Geure stry teen stanke
vlier   jasmyn   magnolia
ouderwetse rose in oorwoekerde tuine
en die oorsoet reuk
byna 'n stank
van suikerraffinaderye.
(*Mississippi mud* is 'n gebak
gedrenk in molasse:
"Uit modder kom jy
en tot modder sal jy terugkeer.")

"Die morsigste mark op aarde,"
het Audubon in 1821 in New Orleans gesê;
en daar het hy gesien,
'n rivierbries in hul vere,
goudsnippe in hul honderde afgemaai
in rietdeltas
en glinsterende visse
uit die see en riviere
en die koppe van varke
met wit wimpers
en grynsende snoete.

Daardie aand nog sou op tafel verskyn
tussen glase gevul met klaret
en tussen swewende kersvlamme
– vanwaar die skielike tog? –
Kreoolse geregte
voortgetower uit goudsnippe
visse en varke.
As trofee op haelwit damas kyk
'n varkkop, kraakhard gebak, glimlaggend
verby die appel in sy bek.

In New Orleans, het Mark Twain beweer,
is die beste argitektuur te sien in begraafplase:
tombes en grafstene van marmer
aangevreet deur mos en skimmel,
barokke gewels en serke
waarop sierletters moeilik leesbaar word
en groenspaan op smeedysterkrulle.

En bokant die graftes
en die ruik van bospaddastoele
hang aan die hoë takke
oumansbaarde en wedusluiers;
en in die mis van die rivier af
kan die opkyker hom verbeel
ook die lyke van swart mans aan wurgkoorde
wat swaai en draai, swaai en draai
asof beroer deur Nina Simone se stem:
Strange fruit   Strange fruit

Op straat en in dcbbelhuise en kroeë,
by die muilresies en die haangevegte
is die lewendes en die dodes
afgetrokke bewus van mekaar,
elkeen verdiep in eie binnelewe.

'n Eindelose optog mense, bonter as by Ensor:
'n treiterende, smeulende mulat,
sy donker vlegsel en karwats
regstreeks in gespek met sy penis;
hoere, straatverkopers, jazz-musikante,
joelende kinders,
kruiebrouers, hekse en malles;
en netjies onder haar kantparasolletjie,
ingehaak by Ten Williams, Esquire,
'n verwelkte skoonheid, Miss Blanche DuBois.

En Bybels kom toe die vloed in 2005 –
en die Mississippi breek deur dyke en stuwalle
en sleur slotte weg
in sy haas om aan te sluit by sy geliefde,

die jonger rivier,
die snelvloeiende Atchafalaya.
En stanke het ten hemele gestyg
van waat're en modder
en opgeblaasde lyke
wat soos boeie dryf
en ontbind in die son.

Wanneer die Groot Dag eendag kom
en die heiliges verbymarsjeer,
Satchmo vooraan,
sy oë en wange bol van blaas,
sal opstyg, begelei deur borrels,
uit graftes en uit waters,
al die dodes:
die hoere met geld opgedraai in hul kouse,
die melancholiese minnaresse van landeienaars,
die vermoordes en verwurgdes.

Play it, Satchmo
play it sweet and sour
en rig jou trompet na die wolke:
Die Ou Orleans het nuut geword.

Subteks

Deur Londen stroom die Teems
met modder na die see:
Dis water wat 'n wêreldstad
sy onbewuste gee

veral oornag, met reën en mis,
as swart satyn onrustig dein
bó wrakke, lyke en verledes,
mag daar 'n oomblik lank verskyn

uit waters, naby oewerlampe
wat teen die newels stry,
'n arm, dan 'n kop wat skree,
voor dit na onder gly.

Die wederkoms: variasies op temas in Raka
Vir Die Boyz in the Band

> Moet ek vir iemand iets nog sê
> in hierdie land
> wat luid van alle stemme is
> en blink en brand?
> – N.P. van Wyk Louw

1
Prins Raka ruk en rol
Die kollig soek sy dye,
hy skommel openbaar:
die vroue raak onrustig,
vermoed sy geil gevaar.

Hy wikkel sy talente,
vergryp hom aan 'n snaar:
Die vroue raak histeries,
beny sy bont kitaar.

Hy mors met rou emosies,
hy rittel uitmekaar:
Die vroue hyg na lewe
vervloek sy bont kitaar.

2
Die vuil geskreeu
Verspotte ou mans en nonne
verseg om Raka te steun,
dít laat hul oor aan sy popgroep
wat hiperelektries bly kreun:

"Raka is vreedsaam. Raka is nie sleg,
soos hy gekom het, gaan hy ver weg,
en geeneen sal weer van hom weet" –

Hoe gou, hoe gou kan 'n groep vergeet?

3
Draai sy nek om
Vreet hom op,
die kraai wat kan praat,
tot daar emblematies
net pote en vere van hom oorbly.

Ons het sy Woord nie langer nodig nie.
Ons wil geen diep gedagtes uit groot waters haal nie

en *besides*, daar's skeure in die skepnet
en g'n siel meer in die kraal
wat maaswerk kan boet nie.

4
Die owerspelige vrou
Sy gil in pre-ekstase:
stoot my, Raka, stoot my,
ek wil jou werpsel hê.

Maar Raka, die Grote,
laat hom nie gesê:
hy neem haar van agter
en skeur haar
en bytsoek in haar nek
tot hy die slagaar vind

en laat haar
wriemelend in eie bloed
slordig op 'n hopie lê.

5
Orgie op die plein
Wie gesteld is op kermisattraksies
en alles wat *fun* is en *queer*,
kan 'n vanghok besoek op die markplein
waar Raka vir Koki onteer.

Die Bees spuit geil oor die blaaie
van Koki wat bloei op die grond:
ook skree is dié teenstem geweier –
sy tong is geruk uit sy mond.

6
Die ou vrou
In herinnering: Anna Neethling-Pohl

Maak dood die ou vrou!
Sy wat veel bewaar
van die stam se herinnering
en van sy swaar.

Ons – die *Brave New World* –
vee ons gat af aan deurlopendheid:
Ons is van hier en nou.
Onthou is dalk dáár dieper reg
maar ons gaan nie onthou.

Maak dood die ou vrou!
Gooi haar op die oop vlak
en steek haar liggaam brand

en sien haar asse dwarrel:
grys motte in die tyd
wat klein raak voor die oë
en weg in ewigheid.

Mag moordenaars ook bid?
Bring alle kloutjies same
en vloek verby gewete:

Laat álle ouvolk stof word
of pluimsaad in die wind.

7
Die Groot Makietie
Dra in, maar versigtig, by die boma,
maak staan op die stellasie van hout
die bonkige Bul
deur kinderhande geratsoeneer
uit potklei-aarde – lasuursteenblou –
gegrawe in die sloot.

Ontbied nou die jonkvrou,
laat haar insmeer en hoog
met rooi klei en valsgoud
die peester en ballas
enorm vergroot.
> *Kapityt, kapityt om die Blou Bul!*
> *Laat waai op die Bokjol van Boere!*

Gooi weg wat enkel sieraad was
stertriem en velskort
dat borste kan bengel en bons
en boude kan sidder
as die askoek geslaan word
en die papkoejawel,
om en om die Blou Bul van die Fees.
> *Kapityt, kapityt om die Blou Bul!*
> *Laat waai op die Bokjol van Hoere!*

Maar skielik was hy daar,
Raka, die Breker
– wie het vergeet om die hek te sluit? –
want Raka duld geen ander gode
voor sy aangesig nie.

Wie eerste die stof byt
is die Blou Bul.
En toe het hy die sterkste mans gebreek
soos jy sprokkelhout knak,
en toe die vrouens
en toe die kinders,
tot almal in die vuurlig stuiptrek

ontbloot   en bloot
'n bloederige bredie mensvleis.

Die Groot Makietie,
die laaste van die stam,
het onverhoops
die eie Wil verlam.

8
Grafskrif, maar vir wie? Koki? 'n Taal?
Geketting loop hy oor sy laaste brug,
nie hy nie, die brug het swaar gesug.

Lugleegte

Meer as torings het geval:
Stelsels, waardes, begrippe
het vlam en rook geword
en tot as versink.

Die voorhang,
soos destyds,
het geskeur:
Waar vroeër die piek was
van die Manhattan-luglyn
is nou 'n lugleegte
'n gat
'n stilte
dringender, deurborender
as 'n heerskare sirenes.

New York! New York!

Die eensaam sterwe

Jy, lyk, aanvaar dat jy 'n karkas word,
die aasvoëls en die maaiers doen maar net hul werk;
hier, op die oop veld,
soos 'n ou, opgeleefde Masai,
hier is jou laaste kerk.
Gee terug jou sakkie vel en bene,
en laat jou owerige vogte sink
in die rooi amfoor van die aarde.